BEI GRIN MACHT SICH IHR WISSEN BEZAHLT

- Wir veröffentlichen Ihre Hausarbeit, Bachelor- und Masterarbeit

- Ihr eigenes eBook und Buch - weltweit in allen wichtigen Shops

- Verdienen Sie an jedem Verkauf

Jetzt bei www.GRIN.com hochladen und kostenlos publizieren

Siegmar Faust

Thomas Luckmann: Identität als universale Form

GRIN Verlag

Bibliografische Information der Deutschen Nationalbibliothek:

Die Deutsche Bibliothek verzeichnet diese Publikation in der Deutschen National-
bibliografie; detaillierte bibliografische Daten sind im Internet über http://dnb.d-
nb.de/ abrufbar.

Impressum:

Copyright © 2005 GRIN Verlag GmbH
Druck und Bindung: Books on Demand GmbH, Norderstedt Germany
ISBN: 978-3-640-52198-2

Dieses Buch bei GRIN:

http://www.grin.com/de/e-book/34480/thomas-luckmann-identitaet-als-universale-
form

GRIN - Your knowledge has value

Der GRIN Verlag publiziert seit 1998 wissenschaftliche Arbeiten von Studenten, Hochschullehrern und anderen Akademikern als eBook und gedrucktes Buch. Die Verlagswebsite www.grin.com ist die ideale Plattform zur Veröffentlichung von Hausarbeiten, Abschlussarbeiten, wissenschaftlichen Aufsätzen, Dissertationen und Fachbüchern.

Besuchen Sie uns im Internet:

http://www.grin.com/

http://www.facebook.com/grincom

http://www.twitter.com/grin_com

Julius-Maximilians-Universität Würzburg

Institut für Philosophie
Seminar: Klassiker der Religionssoziologie
Wintersemester 2004/05

Thomas Luckmann: Identität als universale Form individueller Religiosität

Mit der immer stärkeren Vorherrschaft der Konsumorientierung und dem steigenden Streben nach Autonomie wird es aber wahrscheinlicher, daß der einzelne gegenüber der Kultur und dem Heiligen Kosmos als ‚Käufer' auftritt. Ist die Religion erst einmal zur ‚Privatsache' geworden, kann das Individuum nach freiem Belieben aus dem Angebot ‚letzter' Bedeutungen wählen. Geleitet wird es dabei nur noch von den Vorlieben, die sich aus seiner sozialen Biographie ergeben.

(Aus: Thomas Luckmann: Die unsichtbare Religion, Frankfurt/M. 1991, S. 141)

Thomas Luckmann

1 2

    1.1   Biblio-Biographisches 2

    1.2   Die Bedeutung seines Essays „Die unsichtbare Religion" 3

2   Die anthropologische Bedingung der Religion 5

3   Die gesellschaftlichen Formen der Religion 10

    3.1   Die Sprache als die wichtigste Objektivierung der Weltansicht 11

    3.2   Die Weltansicht = Religion = persönliche Identität 12

4   Die individuelle Religiosität 14

5 17

    5.1   Fazit und Kritik 17

    5.2   Erfahrung soll sinnlos sein? 19

1

1.1 Biblio-Biographisches

Der mit mehreren Honoris-causa-Doktortiteln geehrte Professor Thomas **Luckmann** (geb.1927) ist sowohl ein Schüler Carl **Meyers** (1902-1974) und Alfred **Schütz′** (1899-1959) als auch ein bedeutender zeitgenössischer Soziologe. Seit seiner Emeritierung 1994 verfügt das „Alfred-Schütz-Gedächtnis-Archiv" des Sozialwissenschaftlichen Archivs Konstanz über die Manuskripte seiner bisherigen Schaffens.

Dr. phil. h. c.(Linköping/Schweden), Dr. rer. pol. h. c. (Ljubljana/Slowenien), emeritierter Professor für Soziologie der Universität Konstanz; Studium der Philosophie, vergleichenden Sprachwissenschaft, Geschichte und Soziologie in Wien, Innsbruck und New York. Dozenturen und Professuren am Hobart College, Geneva/New York, an der Graduate Faculty der New School for Social Research New York, an der Universität Frankfurt und seit 1970 an der Universität Konstanz. Gastprofessuren an den Universitäten Freiburg, Harvard Divinity School, Cambridge/Mass., Wollongong/N.S.W. (Australien) Wien. Honorarprofessor der Universität Salzburg, ordentlicher Professor Universität Ljubljana/Slowenien. (Ehem.) Fellow, Center for Advanced Studies in the Behavioral Sciences, Stanford Kalifornien; Korrespondierendes Mitglied, Slowenische Akademie der Wissenschaften und Künste, Dr. phil. h. c., University of Science and Technology, Trondheim/Norwegen.

Veröffentlichungen (Auswahl): The Invisible Religion, New York, 1967, auch auf Deutsch, Italienisch, Spanisch, Polnisch, Japanisch, Chinesisch. The Social Construction of Reality (mit Peter **Berger**), Garden City/N.Y.1966, auch auf Deutsch, Dänisch, Schwedisch, Französisch, Italienisch, Spanisch, Katalanisch, Portugiesisch, Russisch, Polnisch, Slowenisch, Finnisch, Japanisch und Chinesisch. Die Strukturen der Lebenswelt (mit Alfred **Schutz**) Bd. I, Neuwied, 1975, I and II, Frankfurt, 1979, 1984, auch englisch; The Sociology of Language, Indianapolis, 1975; Life-World and Social Realities, London, 1983, auch deutsch; Theorie des sozialen Handelns, Berlin, New York, 1992, auch spanisch; Modernity, Pluralism and the Crisis of Meaning (mit Peter **Berger**), Gütersloh, 1995, auch deutsch u. spanisch.

Herausgeber: Berufssoziologie (mit Walter **Sprondel**), Köln 1972; Phenomenology and Sociology, Harmondsworth 1978; Religion in den Gegenwartsströmungen der deutschen Soziologie (mit Fritz **Daiber**), München 1983; The Changing Face of Religion (mit James A. **Beckford**), London, Newbury Park and New Delhi, 1989. Herausgeber und Mitherausgeber verschiedener soziologischer, sozialpsychologischer, philosophischer und geschichtswissenschaftlicher Zeitschriften und Reihen.

1.2 Die Bedeutung seines Essays „Die unsichtbare Religion"

Dieses von **Luckmann** selber als Essay bezeichnete und erstmals 1967 in New York erschienene Werk wird bald zu den Klassikern unter den neueren Religionstheorien gezählt. Erstaunlich ist, dass es, obwohl bereits in mehrere Sprachen übersetzt, erst 1991 im deutschen Sprachraum zugänglich gemacht wurde, nachdem ein Vorläufer (Das Problem der Religion in der modernen Gesellschaft, Freiburg/Br. 1963) längst vergriffen war.

Das Stichwort von der „unsichtbaren Religion" brachte **Luckmann** schon 1963 in die Diskussion. Damals war längst ersichtlich, wenn man nicht gar auf Friedrich **Nietzsche** (1844-1900) zurückgreifen wollte, dass nach dem beobachtbaren Traditionsabbruch in der modernen Industriegesellschaft, dem Zerfall der Plausibilität herkömmlicher Religionssysteme und dem Abbröckeln religiöser Institutionen die „Religion" jedoch nicht verschwunden war. Sie war vielmehr abgewandert, ausgewandert und unsichtbar geworden. Wohin hat sie sich verflüchtigt? Etwa in die Politik als *civil religion*? Oder in die Alltagserfahrung als Erfahrung kleiner, mittlerer und großer Transzendenzen?[1]

Solche Fragen werden auch im 21. Jahrhundert weiter diskutiert. So lief z. B. unter der Leitung von Winfried **Gebhardt** (geb. 1954) ein Forschungsprojekt bis März 2002 mit den Professoren Christoph **Bochinger** (geb. 1959), Ottmar **Fuchs** (geb. 1945) und Wolfgang **Schoberth** (geb. 1958) unter dem Titel: „Die unsichtbare Religion in der sichtbaren Religion. Formen spiritueller Orientierung in der Alltagsreligiosität evangelischer und katholischer Christen".

Christoph **Bochinger** von der Kulturwissenschaftlichen Fakultät der Bayreuther Universität bezieht sich in seinem Artikel „Die unsichtbare Religion in der sichtbaren Religion"[2] ausdrücklich auf **Luckmann,** der sich gegen die damals und noch heute weit verbreitete Vorstellung wandte, „dass die Religion im Zuge der modernen Säkularisierung allmählich aus der Gesellschaft verschwinde. Vielmehr handle es sich um einen Verlagerungsprozess. Religion verlagere sich aus ihrem traditionellen, kirchlich-institutionellen Rahmen in Bereiche der Gesellschaft, die traditionell nichts mit Religion zu tun haben. Sie werde in diesem soziologischen Sinne ‚unsichtbar', dass sie nicht mehr in der überkommenen, institutionalisierten Form verortet werden kann. Die Kirchen bleiben sonntags leer, aber Religion findet trotzdem statt, vielleicht auf dem Fußballplatz oder im Theater, vielleicht beim samstäglichen Autowaschen oder bei der Bergtour im Sommerurlaub. Dem liegt ein sehr weiter, funktionalistischer Religionsbegriff zugrunde. Religion hat bei **Luckmann** die Funktion der Bewältigung von Transzendenzerlebnissen."[3]

Auch Ingo **Mörth** (geb. 1949) gesteht in seiner Rezension zur Neuauflage der „unsichtbaren Religion" **Luckmann** zu, dass er sowohl theoretisch als empirisch viel in Bewegung gesetzt

---

[1] Nach der Unterscheidung **Luckmanns** gibt es drei Arten von Transzendenz: *Kleine Transzendenzen*: Erfahrungen des Individuums, die beim Handeln in der Alltagswelt auf Raum und Zeit bezogen sind. Anders formuliert: Erfahrungen von Raum oder Zeit, die außer 'Reichweite' sind und auf Grund früherer Erfahrungen durch eine Transzendierung in 'Reichweite' gebracht werden. *Mittlere Transzendenzen:* Erfahrung eines gegebenen Mitmenschen. Dem Individuum ist der Andere durch die Gestalt seines Körpers gegeben. Es kann diesen anderen Körper jedoch nicht selber erfahren. Durch eine mittlere Transzendenz kann das Individuum auf der Basis der eigenen Körpererfahrung von dem Äußeren des Anderen auf die Erfahrung im Inneren des Anderen schließen. *Große Transzendenzen*: Erfahrungen, die Natur und Gesellschaft, die die Lebenswelt des Alltags überschreiten. Sie verweisen auf andere Wirklichkeiten, in denen das pragmatische Motiv aufgehoben ist. Das Individuum kann in anderen Wirklichkeiten nicht wirken und handeln. Zu den anderen Wirklichkeiten gehören z.B. die Welt des Schlafes, der Träume, des Todes.

[2] Untertitel: Zur Alltagsreligiosität evangelischer und katholischer Christen in Franken. In: Bayreuther Beiträge zur Religionsforschung, Heft 5, Dezember 2001

[3] Ebenda S. 5

habe: „Theoretisch eine neue Beschäftigung mit Begriff und Funktion von Religion im allgemeinen, unabhängig von ihren historisch und kulturell definierten Erscheinungsformen, und empirisch die Suche nach Spuren der Entwicklung neuer Sozialformen von Religion in der Moderne, nachdem die alten christlich-kirchlichen offensichtlich einem Verdunstungsprozess unterlagen (und heute weiterhin unterliegen)."

Hubert **Knoblauch** (geb. 1959), der das Vorwort[4] zur deutschen Erstauflage schrieb, hält **Luckmanns** Arbeit für „eine der wesentlichen Säulen des ,wissenssoziologischen Ansatzes' der Religionssoziologie"[5], die nicht nur für die deutschsprachige Soziologie Folgen gezeitigt habe.

Der italienische Professor Piergiorgio **Grassi** (geb. 1937) sah in **Luckmanns** „Unsichtbarer Religion" drei Hauptthemen zusammenströmen: „Die Entwicklung einer Definition der Religion (...); das Schicksal der Religion in den fortgeschrittenen Industriegesellschaften und schließlich die Ankunft einer neuen Sozialform der Religion..."[6]

2 Die anthropologische Bedingung der Religion

Nicht nur orthodoxe Theologen sehen den christlichen Glauben „in einem Gegensatz zur Gesellschaft"[7] stehen, sondern allen scheint es heute offensichtlich geworden zu sein, dass „die Entstehung der modernen Welt mit einem Schwund der Religionen"[8] einhergeht.

(Besonders deutlich wird dies, um ein aktuelles und unsere Zukunft bestimmendes Beispiel hier schon einzuflechten, dass in der Verfassung der Europäischen Union bekanntlich kein unmittelbarer Gottesbezug geduldet wurde, im Gegensatz zu den Vorstellungen der ältesten europäischen Einigungsbewegung „Paneuropa-Union", die 1922 von Grafen Richard **Coudenhove-Kalergi** gegründet wurde und der zum Beispiel neben Albert **Einstein** auch Thomas **Mann,** Franz **Werfel,** Otto von **Habsburg** oder der spanische Philosoph Salvador de **Mada-**

---

[4] Die Verflüchtigung der Religion ins Religiöse. Thomas **Luckmanns** Unsichtbare Religion, in: Luckmann S. 7 bis 41 (Zitate aus **Luckmanns** Essay werden fortan nur mit der Seitenzahl angegeben.)
[5] Ebenda, S. 9
[6] P. **Grassi**: La „religione invisible" di Thomas **Luckmann**, in: Rassegna di Teologia 5, 1978, S. 375
[7] S. 77
[8] Ebenda

riaga angehörten; sie sahen allesamt im Christentum die Seele Europas, ohne durch besondere fromme Religiosität aufgefallen zu sein.)

Soziologisch ist dem Phänomen nach Ansicht **Luckmanns** jedoch nur beizukommen, wenn man sich der Definition vom Wesen der Religion entzieht, also der substanziellen Definition die funktionale vorzieht, ohne in die „Erklärungsweisen des psychologischen Funktionalismus"[9] zu verfallen. Er stellte sich deshalb, um eine struktur-funktionale Analyse sinnvoll führen zu können, folgende „Fragen von beträchtlicher Allgemeinheit"[10] voran:

1.) „Welches sind die allgemeinen anthropologischen Bedingungen für das, was als Religion institutionalisiert werden kann?

2.) Welche Realität hat Religion als soziale Tatsache, noch bevor sie institutionalisiert wird?

3.) Wie bildet sie sich heran, bevor sie eine der verschiedenen historischen Formen religiöser Institutionen annimmt?

4.) Lassen sich die Bedingungen angeben, unter denen sie zur Institution wird?"[11]

Luckmann bezeichnet die uns bekannten Formen der Religion, vom Stammes- und Ahnenkult bis hin zu den Kirchen und Sekten, als „symbolische Universa", die für ihn „sozial objektivierte Sinnsysteme"[12] ergeben, weil sie „alltägliche Erfahrungen mit einer ‚transzendenten' Wirklichkeitsschicht in Beziehung" setzten. Alle Sinnsysteme seien „aus Objektivierungen konstruiert".

Nebenbei bemerkt: Schon sein Zeitgenosse Niklas **Luhmann** (1927-1998) glaubte mit der Kategorie des Sinnes, der seine eigene Negierbarkeit einschließt, einen Begriff gefunden zu haben, der mit relativ wenig Tradition belastet sei, obwohl er „seit mehr als hundert Jahren viel und vieldeutig verwendet"[13] wurde. Da von ihm die Religion als ein kommunikatives Geschehen verstanden wurde, hielt er auch - im Gegensatz zur Psychologie oder Anthropologie - die Soziologie für „die eigentlich zuständige Religionswissenschaft".[14]

---

[9] S. 78
[10] S. 79
[11] Ebenda
[12] Auch die folgenden Zitate: S. 80
[13] In: Die Religion der Gesellschaft. Hg. von A. **Kesterling**, Frankfurt: Suhrkamp 2000, S. 15
[14] Ebenda, S. 44

Doch **Luckmann** will ja gerade aus der soziologischen Theorie hinaus „auf das Feld der philosophischen Anthropologie".[15] Er will die sozial objektivierten symbolischen Universa im Allgemeinen und den darin enthaltenen „religiösen Kosmos" im Besonderen mit unseren Alltagserfahrungen konfrontieren, also „die alltägliche Erfahrung mit einer ‚transzendenten' Wirklichkeitsschicht in Beziehung setzen".[16] Da alle Sinnsysteme aus Objektivierungen konstruiert seien, die wiederum als Ergebnisse subjektiver Handlungen, demzufolge auch als „ein Ergebnis sozialer Vorgänge"[17] anzusehen sind, die sich über Generationen tradieren, hänge das Erfassen der fortlaufend transzendierten Erfahrung von einem Akt des „Stehenbleibens und Nachdenkens"[18] ab. Das Verhältnis zwischen Erfahrung, Sinn und ihrem Deutungsschema beschreibt **Luckmann** als ein wechselseitig-dynamisches. Ein nur biologisch determinierter Mensch ginge völlig „in der Unmittelbarkeit seiner ablaufenden Erfahrungen"[19] auf. Fehlten ihm die „zeitlichen Dimensionen"[20], könnte er die ablaufenden Erfahrungen weder mit Sinn versehen, noch hätte er eine erinnerliche Vergangenheit oder gar eine „offene" Zukunft. Solch ein Leben könnte keine „zusammenhängende Gestalt als Biographie", demzufolge auch keine Identität entwickeln. Die Herausbildung des Einzelnen aus dem Allgemeinen zum Bewusstsein eines gewissermaßen unteilbaren Individuums lasse sich nur in gesellschaftlichen Vorgängen verwirklichen. Soziale Vorgänge lösen also den Menschen aus dem Allgemeinen heraus, was wiederum zur „Konstruktion von Deutungsschemata" führe, die jene Unmittelbarkeit der Erfahrung transzendieren und somit Anteilnahme an den Erfahrungen der Mitmenschen ermöglichen; sie können freilich als Ereignis nur in einem gemeinsamen Zeit-Raum-Rahmen stattfinden. Die sich so Begegnenden synchronisieren die persönlichen Prozesse Schritt für Schritt, was schließlich zu einer Distanz zu sich selber und zu einem Beobachten des Anderen führt, wobei man „beginnt, sich selbst mit den Augen eines Mitmenschen zu sehen".[21] Solches ist nach **Luckmann** „ursprünglich nur in den wechselseitigen sozialen Vorgängen" auf gleicher Augenhöhe möglich.

Martin **Heidegger** (1889-1976) gestünde wahrscheinlich dem Bemühen, den Anfang der menschlichen Entwicklung auf diese Weise zu erklären, durchaus zu, dass eine Orientierung an der Daseinsweise primitiver Zustände die Daseinsanalyse erleichtern könnte, doch er gäbe mit seinem Lehrer Edmund **Husserl** (1859-1938) wohl zu bedenken, dass uns „die Kenntnis

---

[15] S. 80
[16] S. 80
[17] S. 81
[18] Ebenda
[19] S. 82
[20] Auch die folgenden Zitate: S. 83
[21] S. 84, ebenfalls das nachfolgende Zitat

der Primitiven durch die Ethnologie bereitgestellt" wird. „Und diese bewegt sich schon bei der ersten ‚Aufnahme' des Materials, seiner Sichtung und Verarbeitung in bestimmten Vorbegriffen und Auslegungen vom menschlichen Dasein überhaupt. Es ist nicht ausgemacht, ob die Alltagspsychologie oder gar die wissenschaftliche Psychologie und Soziologie, die der Ethnologe mitbringt, für eine angemessene Zugangsmöglichkeit, Auslegung und Übermittlung der zu durchforschenden Phänomene die wissenschaftliche Gewähr bieten."[22] **Heidegger** hat sich bekanntlich intensiv mit der Frage beschäftigt, wie das „erkennende Subjekt aus seiner inneren ‚Sphäre' hinaus in eine ‚andere und äußere'" kommt. Doch „wie kann das Erkennen", so fragte er weiter, „überhaupt einen Gegenstand haben, wie muss der Gegenstand selbst gedacht werden, damit am Ende das Subjekt ihn erkennt"? Dessen Seinsweise habe „man doch ständig unausgesprochen immer schon im Thema hat, wenn über sein Erkennen gehandelt wird".[23]

Auch wenn Thomas **Luckmann** selbstverständlich anderen Fragestellungen folgt, bleibt **Heideggers** Einwand durchaus beachtenswert, der nämlich von vornherein ‚das In-der-Welt-sein als Mit- und Selbstsein"[24] verstand, während **Luckmann** aus der Distanz heraus etwas konstruiert, was den Deutungsrahmen zwischen Vergangenheit, Gegenwart und Zukunft zur Bedingung persönlicher Identität erklärt. Eine weitere Dimension dieser Identität sei „die Integration des subjektiven Vorgangs der Erinnerung und des Zukunftsentwurfs in die moralische Einheit einer Biographie".[25]

Was soll damit erklärt werden? Wer ist dieser noch nicht individualisierte, sozialisierte, also zivilisierte Mensch? Ein biologischer Prototyp oder Urmensch? **Luckmann** meidet die abwaschbare Vokabel „Mensch" - hier wieder mit **Heidegger** vergleichbar, der stattdessen das „Dasein" setzte - und erhebt den „menschlichen Organismus" zum Topos. Jedenfalls hatte dieses menschliche Etwas immerhin schon ein Gedächtnis, sammelte originäre Erfahrungen und müsste dieser Theorie zufolge ein vereinzelter Einzelner gewesen sein, der erst „in der Begegnung mit Mitmenschen"[26] und der sich daraus ergebenden Von-Angesicht-zu-Angesicht-Situation zur „Individuation des Bewusstseins"[27] gelangte, das wiederum die Voraussetzung schuf, um an Deutungsschemata von Sinnsystemen zu gelangen. Aus der Ablösung der

---

[22] In: Sein und Zeit, 17. Auflage, Tübingen 1993, S. 51
[23] Ebenda, S. 60
[24] SuZ, S. 41
[25] S. 84
[26] Ebenda
[27] Ebenda

aktuellen, also nur gegenwärtigen Erfahrung leite sich die entsprechende Möglichkeit ab, gewissermaßen Präsens, Präteritum, Imperfekt, Perfekt, Plusquamperfekt, Futur und Futurum exactum etc. „in eine sozial definierte, moralisch relevante Biographie zu integrieren".[28] Und nun kommt fortlaufende Entwicklung im Rahmen sozialer Beziehungen ins Spiel, was „zur Ausbildung eines Gewissens"[29] führe. (Wenn das naturwissenschaftlich, anthropologisch oder historisch bewiesen wäre, könnte ich nicht mitreden, wenn es jedoch philosophische Deutung sein soll, bin ich sprachlos.)

Immerhin, der so dargestellte Individuationsprozess, der auf sozialen Vorgängen basiere, sei „für sich betrachtet nichts anderes als der isolierte Pol eines ‚sinnlosen' subjektiven Prozesses". Diese surrealistische oder existenzialistische Attitüde stimmt mich fast wieder versöhnlich mit solchem Strukturalismus. Aber das Ganze muss über die Konstruktion dieses Unternehmens zu einem „Selbst" werden, indem der „Organismus" sich mit „den anderen an das Unternehmen der Konstruktion eines 'objektiven' und moralischen Universums von Sinn macht".[30] Dass er dabei seine biologische Natur transzendiert, kann durchaus möglich sein, aber was ist zwingend im Jargon solcher Begrifflichkeit?

Was ist eine „elementare Bedeutungsschicht des Religionsbegriffs"[31]? Wer sich das produktiv entschichten kann, wird einsehen, dass „man das Transzendieren der biologischen Natur durch den menschlichen Organismus ein religiöses Phänomen"[32] nennen muss, das lediglich „auf der funktionalen Beziehung zwischen Selbst und Gesellschaft"[33] beruht. Wer dagegen einwendet, und ich schließe mich ihm an, dass „Religion nach dieser Auffassung zu einem alles umfassenden Phänomen würde", bekommt rüde entgegengehalten: „Wir behaupten, dass dieser Einwand nicht begründet ist." Wer heißt „wir"? (Ich verwahre mich gegen solche Vereinnahmung.)

Hier könnte der Eindruck entstehen, dass die vier oben gestellten Fragen bisher weder beantwortet, noch überhaupt gestreift worden sind; aber wir sind ja noch nicht am Ende.

---

[28] S. 85
[29] Ebenda
[30] Ebenda
[31] S. 85 f.
[32] S. 86
[33] Ebenda

3   Die gesellschaftlichen Formen der Religion

Sollte im Vorangegangenen die „allgemeine Quelle, aus der die historisch differenzierten Formen der Religion entsprangen", untersucht worden sein, die sowohl die universale als auch die „spezifisch anthropologische Bedingung der Religion"[34] erklärt haben will, dann wird nun in der Forstsetzung behauptet, dass „der Organismus zur Person wird", indem er erstens mit anderen „einen innerlich verpflichtenden Kosmos" bildet und zweitens, dass er „seine Natürlichkeit transzendiert". Daraus wird abgeleitet, es handele sich hierbei „um einen grundlegenden religiösen Vorgang"[35].

(Solche Behauptungen muss man wohl erst einmal verarbeiten, auch wenn man von vornherein dazu neigt, Transzendenz gleich mit Religion in Verbindung zu bringen, da alles Transzendente auf ein weites Feld der Philosophie führt. In Immanuel **Kants** (1724-1804) Denken wird bekanntlich das Adjektiv "transzendent" als Ausdruck wissenschaftlicher Aussagen verwendet, die den Bereich möglicher Erfahrungen überschreiten und deshalb zu keiner Verifikation fähig sind. Er suchte die Erkenntnis auf den Boden sinnlicher Erfahrung zu stellen, indem er die bisherige Metaphysik, die über **Gott** und die Welt, über Freiheit und Unsterblichkeit nachdachte, als transzendent erklärte, weil sie die Erfahrung übersteige. Auch wenn **Kant** zu keiner konsequenten materialistischen Erklärung der Erfahrung gelangt sein sollte, so führte er sie als Lehrsätze der reinen praktischen Vernunft wieder ein. Und so ähnlich wird wohl der Begriff "transzendent" auch heute noch weitgehend verwendet.)

Luckmann fügt seiner vorangegangenen Analyse hinzu, dass „die Sinnsysteme ,historisch' jedem konkreten menschlichen Organismus vorgegeben"[36] seien, was heißen soll: Die Menschen schaffen sich ihren Kosmos nicht jeweils von neuem, sondern „werden vielmehr hineingeboren". Der in Sozialisierungsprozessen herangereifte menschliche Organismus darf nun Person genannt werden, die „zugleich eine geschichtlich vorgegebene gesellschaftliche Ordnung"[37] vorfindet. Auch sie soll „grundsätzlich einen religiösen Charakter" haben, da Sozialisation u. a. auch auf den anthropologischen Konzessionen der Religion beruhen würde. Über die Heraussonderung des Einzelnen aus dem Allgemeinen, über die Entwicklung des Bewusstseins und des Gewissens bildet sich ein Sinnzusammenhang heraus, der fortan „Welt-

---

[34] S. 86
[35] S. 87
[36] S. 88
[37] Ebenda

10

ansicht" genannt wird, die wiederum zu höherer Transzendenz führen kann, obwohl oder weil sie dem Individuum vorausgeht. Sie führt, verkürzt gesagt, zur Ablösung von der unmittelbaren Lebenswelt und damit hin zur Sinntradition. Die in einer dialektischen Beziehung zur Sozialstruktur stehende Weltansicht ist eine „historische und gesellschaftliche Wirklichkeit", dazu natürlich eine „objektive", die „eine elementare religiöse Funktion"[38] erfüllt. So lässt sich jede menschlichen Gesellschaft „bestimmen als die *grundlegende Sozialform der Religion*".

Da die Weltansicht auch ein „übergreifendes Sinnsystem" ist, in dem zum Beispiel „Zeit, Raum, Kausalität und Zweck" den spezifischeren Deutungsschemata übergeordnet sind, bekommt sie das segmentierte Gepräge einer „natürlichen" Logik und zugleich die ebenso „natürliche" Einordnung in ein biologisches System. Beides, sowohl die „Logik" als auch die „Taxonomie", können nur in einer stabilen Gesellschaft als Weltansicht verpflichtend dauern. Gesellschaftlich Anerkanntes und Bedeutungsvolles neigt zur Stilisierung und wird somit transportabel. So werden auch moralische Vorstellungen - aufgezählt werden da zum Beispiel Flaggen, Ikonen oder Totems - von Generation zu Generation weitergegeben. Freilich, über die Moral von Flaggen ließe sich wohl lange nachdenken.

3.1 Die Sprache als die wichtigste Objektivierung der Weltansicht

Jeder wird zugeben, dass in einer Sprache wohl die differenziertesten und auch umfassendsten Potenzen sowohl zur Deutung der Welt als auch zur gesellschaftlichen Kommunikation stecken. In der Sprache bewahren sich „alle Erfahrungen aller Gesellschaftsmitglieder"[39] auf. Die der Weltansicht zugrunde liegende Logik und Taxonomie sind in der Syntax und semantischen Struktur der Sprache ebenso verfestigt, wie zugleich in ihrer objektivierenden Funktion deutlich wird, dass „die semantische und syntaktische Sprachebene von größerer Bedeutung ist als die phonetische"[40]. Die Sprache steht faktisch jedem offen, der nicht behindert ist oder wird. Ihr Erlernen ist ein In-sich-Aufnehmen. Sprachregeln, Kodifizierungen und „die kontextuellen Elemente der linguistischen Analyse" sollen als Bild der inneren Sprachform ein „umfassendes Modell des Universums" darstellen.

Über die Muttermilch, soll heißen: über die Muttersprache bekommt man faktisch die „natürliche" Logik und die Einordnung ins System einer geschichtlichen Weltansicht vererbt, die also ein „Reservoir vorgefertigter Problemlösungen und eine Matrix von Verfahren zur Lösung

---

[38] S. 90
[39] S. 91
[40] Ebenda

neuer Probleme"[41] darstellt. Unsere Wahrnehmungen, unser Verhalten, ja, sogar das Denken sollen somit über die Vermittlerrolle der Sprache einen Stabilitätsrahmen und zugleich eine routinierte Geschicklichkeit erhalten. Die kodifizierten Regeln der inneren Sprachform sollen „Objektivierungen im strengen Sinne des Wortes"[42] sein.

Die sprachliche Diktion des Heiligen Kosmos baut auf der sinnbildlichen Fähigkeit der Sprache auf, die in der Personifizierung von Attraktionen, der Hervorbringung von Götternamen und der Gewinnung „anderer" Realitäten mit Hilfe der figurativen Stellvertretung zum Tragen kommt. Zusammen mit rituellen Akten und Ikonen dient die Sprache der „Artikulation des Heiligen Kosmos"[43] So, wie der Heilige Kosmos als Ausschnitt der objektiven sozialen Wirklichkeit in Beziehung zur gesamten Sozialstruktur steht, ist auch die Sprache das wichtigste Instrument „zur Objektivation der Weltansicht im allgemeinen wie auch des Heiligen Kosmos".[44]

3.2 Die Weltansicht = Religion = persönliche Identität

Das dürfte die wichtigste Gleichung der **Luckmannschen** Aussagen sein, so sehr sie sich auch in Einzelheiten und Redundanzen verlieren mögen. Nicht aus den einzelnen Deutungsschemata lassen sich die religiösen Funktionen ableiten, sondern: „Es ist vielmehr die Weltansicht als ganze, als einheitliche Sinnmatrix. Sie bildet den historischen Rahmen, in dem menschliche Organismen Identität ausbilden und dabei ihre biologische Natur transzendieren."[45] Da die von ihm gemeinte Weltansicht universal ist, versteht sich von selber, dass die daraus abgeleitete Religiosität unspezifisch ist. Es taucht die Frage auf, wie sich aus dieser Weltansicht schließlich ein Sinnbereich herauskristallisieren kann, der spezifisch „religiös" genannt werden muss. Solch ein Bereich, erklärt **Luckmann**, enthält Symbole, die freilich auch eine „strukturelle", also wesentliche Eigenart der gesamten Weltansicht bedeuten, dessen ungeachtet auch „stellvertretend für die religiöse Funktion"[46] einstehen. Das heißt: bestimmte Ebenen der universalen Weltansicht übernehmen auch die Symbolisierung der transzendierenden Grundfunktion: „Die Symbole, die für die Wirklichkeit des Heiligen Kosmos stehen, können religiöse Repräsentanten genannt werden, weil sie auf eine jeweils spezifische

---

[41] S. 92
[42] Ebenda
[43] S.97
[44] Ebenda
[45] S. 93
[46] Ebenda

und komprimierte Weise die religiöse Funktion der Weltansicht als Ganzes erfüllen. "[47] Alles, was die eine Weltansicht umfasst, sind „in Bedeutungshierarchien eingeordnete Sinneinheiten".[48] Schon allein die Bedeutungshierarchie ist vielschichtig; das ist sozusagen ein „strukturelles" Merkmal der Weltansicht, die grundsätzlich einen objektiven, freilich nur mittelbaren Ausdruck finden kann.

Der Weltansicht liegt eine Bedeutungshierarchie zugrunde, die spezifische Repräsentationen verkörpert: „Diese Repräsentationen hängen implizit mit dem umfassenden Sinn der Weltansicht zusammen, explizit aber beziehen sie sich auf einen anderen Wirklichkeitsbereich – jenen Bereich, in dem die ‚letzte Bedeutung' angesiedelt ist."[49] Solch ein Bereich, der den gewöhnlichen Alltag transzendiert, „wird als geheimnisvoll und andersartig erfahren"[50], so den profanen Alltag von der Besonderheit des „Heiligen" trennend. Die Gewohnheit des Alltäglichen kann schnell zusammenbrechen, so dass zwischen Angst und Ekstase viele Sinnschichten erfahren werden können. Die Bandbreite des Ausdrucks beginnt bei heiligen Kalendern oder Orten, rituellen Inszenierungen der sakralen Tradition oder jener Rituale, „in denen dem Lebenslauf des einzelnen ein sakraler Sinn verliehen wird"[51], und sie erstreckt sich bis zu den „Verdichtungen kritischer Probleme des einzelnen Lebens in Gestalt von Tänzen, Epen und Dramen".[52]

Der Heilige Kosmos ist zwar nur ein Teil der Weltansicht, aber er steht zur gesamten Sozialstruktur in Beziehung. Seine Repräsentation beglaubigt das Verhalten in allen sozialen Konstellationen. Je komplexer Gesellschaften werden, umso mehr bringen sie eigene Institutionen hervor, „die die Objektivität und soziale Geltung des Heiligen Kosmos tragen und stützen".[53] Am weitesten soll die institutionelle Spezialisierung jedoch in der jüdisch-christlichen, also abendländischen Tradition gediehen sein. Je arbeitsteiliger und differenzierter ein Gesellschaftssystem wird, desto mehr nimmt das Wissen aller an der Weltansicht ab und das Fachwissen zu. So können sich verschiedene Versionen des Heiligen Kosmos unter verschiedenen Berufsgruppen oder sozialen Schichten gründen, zumal die Arbeitsteilung auch „die Freistellung der religiösen Experten von der Produktion"[54] zulässt. Je ungleicher jedoch die Potenzen

---

[47] S. 98 f.
[48] S. 94
[49] S. 95
[50] S. 96
[51] S. 98
[52] Ebenda
[53] S. 100
[54] S. 102

13

religiöser Repräsentation in der Gesellschaft verteilt sind, desto weniger kann der Heilige Kosmos darin seine integrierende Rolle wahrnehmen. Es kommt daher zur Vereinheitlichung eines verpflichtenden Dogmas, das im Rahmen einer „inneren Logik" allen einsichtig erscheint. Doch von Generation zu Generation wird die innere Logik weiter entwickelt oder verschlimmbessert, sodass sich am Ende verschieden institutionalisierte Schulen, Theologien und Kirchen gegenüber stehen. Aber nicht nur das; denn es bildet sich parallel dazu auch ein Gegensatz zwischen Religion und Gesellschaft heraus. Die einst integrative Gesellschaftskomponente kann zum Konfliktherd nicht nur zwischen sich und der Welt, sondern auch zwischen den differenzierten Richtungen untereinander werden. Andererseits kann dieser Gegensatz auch „als Katalysator sozialen Wandels wirken".[55] Persönliche Identität konnte so auch zum dogmatischen Spezialistentum verkommen.

4 Die individuelle Religiosität

Das, was bei **Luckmann** aus der Sicht von außen Religion genannt wird, ist, wie wir schon mehrfach verstanden haben, schlicht das Transzendieren der biologischen Natur durch den „menschlichen Organismus". Die Situation der Wechselseitigkeit des intersubjektiven Von-Angesicht-zu-Angesicht-Blickens begründet solche Vorgänge, die zur Konstruktion einer objektiven Weltansicht, zur Artikulation eines heiligen Kosmos und schließlich unter bestimmten Bedingungen zur Institution der Religion, also z.B. zur Herausbildung von Kirchen führen. Dabei wird die „Individuation des Bewusstseins und des Gewissens historischer Individuen in ihren jeweiligen gesellschaftlichen Formen determiniert".[56] Das heißt: Der jeweils in eine Gesellschaft Hineingeborene bekommt die Weltansicht, die sich in ihm verinnerlicht, als ein objektives Sinnsystem durch seine Mitmenschen vermittelt. „Aus der objektiven Weltsicht wird ein subjektives Orientierungssystem in der objektiven Wirklichkeit."[57]

In Konflikten der individuellen Vorlieben oder eigenen Erfahrungen und Bewusstseinsströme mit der jeder Weltansicht zugrunde liegenden Bedeutungshierarchie wird sich das Bewusstsein und Gewissen eines historischen Individuums stets unter- oder einordnen, so dass die persönliche Identität zum „subjektiven Ausdruck einer historischen Weltansicht"[58] werden

---

[55] S. 106
[56] S. 108
[57] S. 109
[58] Ebenda

muss und sich daher die Identität „als eine universale Form der individuellen Religiosität"[59] deuten lässt. Dort, wo ein Heiliger Kosmos zur objektiven Wirklichkeit gezählt wird, wird der Hineingeborene diesen „in Gestalt bestimmter religiöser Repräsentationen verinnerlichen".[60] Das heißt, dass im Idealfall das gesellschaftliche Modell der gesetzlich gewordenen Religion mit dem individuellen Sinnsystem letzter Relevanzen und zugleich mit den Vorlieben der meisten Individuen völlig übereinstimmt. Solche Zeiten und Situationen, die diesem Ideal nahe kamen, wo also nur wenige Ketzer existierten, sollen sich ja nicht nur in der Geschichte finden, sondern gibt es noch immer irgendwo auf der weiten Welt.

Alles, das Alltägliche bis hin zu den schlimmsten Lebenskrisen, hat sich in einem transzendenten Sinnzusammenhang verinnerlichter religiöser Repräsentation zu einem System letzter Instanzen und Relevanzen verdichtet, das zu einem grundlegenden Element der Wesenseinheit eines menschlichen Organismus geworden ist. So, wie sich der Heilige Kosmos zur Weltansicht als Ganzem verhält, so steht der religiöse Anteil des individuellen Bewusstseins in einem Verhältnis zur persönlichen Identität; wobei hier die nebensächliche Frage auftaucht, ob es auch eine „unpersönliche" Identität geben kann oder von welcher außerpersönlichen Identität noch sinnvoll die Rede sein könnte - vielleicht von einer sozialen Identität?

Das könnte weiterführen im Verständnis des Textes, denn wenn Normen bleiben, Zeiten sich jedoch ändern, kommt es nicht selten zu Spannungen; oft besonders drastisch, wenn es sich „um mit geheiligtem Sinn versehene Normen"[61] handelt. **Luckmann** zählt hier als Beispiele auf: Vaterschaft, Ritterlichkeit, Kastenstolz, Nationalstolz. Solche „religiösen Repräsentationen" können jedoch ihre „allgemeine Geltung und übergeordnete Bedeutung"[62] beibehalten, sozusagen in symbolischer oder hohler Form. Leidet darunter die Identität des Individuums? In den vorsäkularisierten Gesellschaften war die Ausbildung der Identität „notwendigerweise von dem vorgefertigten ‚offiziellen' Modell der Religion abhängig"[63], das wiederum von einer spezialisierten Institution geprägt wurde, die wir noch heute Kirche nennen. So wurde bald der Heilige Kosmos über eine Doktrin vermittelt, die ihre heiligen Texte von Fachleuten in Gesetzesbüchern zusammenfassen und kommentieren ließ. Es bildeten sich eigene Traditionen heraus, „die in ihrem Selbstverständnis und in unabdingbaren Rechten der Verwaltungs-

---

[59] Ebenda
[60] S. 110
[61] S. 111
[62] Ebenda
[63] S. 112

bürokratien und Machteliten wurzeln".[64] So wird die Religion allein schon über ihre zum Teil imposanten Gebäude bald zu einem weithin sichtbaren Teil gesellschaftlicher Wirklichkeit, in der den Religionsstiftern, Propheten, heiligen Texten, Theologien und Ritualen auch pragmatischere Elemente gegenüber stehen, als da sind: Kirchensteuerbeamte, Klingelbeutel, Sonntagsschulen, Totengräber und Pfarrersfrauen.

In diesem geschlossenen Überbau von institutioneller Spezialisierung der Religion sollen die Menschen in das „offizielle" Modell der Religion hineinsozialisiert werden, um dort ihre allgemein gültigen Deutungen und Verhaltensnormen, die ihre „existenziellen Routinen und Krisen beherrschen"[65], von Fachleuten empfangen zu können. Da Fachleute selber spezialisiert sind, beginnen deren Bereiche, wie z. B. Dogma, Liturgie oder Sozialethik, sich innerhalb des bisher Ganzen zu verselbständigen. Und die Teile des Fußvolkes können sich mal mehr zu dem oder jenem hingezogen fühlen, aber zugleich vergrößerte sich die Gefahr des Untereinanderausspielens der entstandenen kirchlichen Körperschaften, die sich auch „weltlichen" Dingen stellen. „Das tatsächlich *wirksame* System subjektiver Präferenzen kann sich ablösen von den ‚letzten' Bedeutungen, wie sie im ‚offiziellen' Modell festgelegt sind."[66] Es wird schier unmöglich, die verschiedenen Elemente „des *subjektiven* Systems ‚letzter' Bedeutungen"[67] ohne Verluste ins Ganze einzufügen. Der Preis der Spezialisierung wird gewissermaßen mit einer Pluralisierung bezahlt, die besonders die Anstrengungen jener erhöht, die vom Altar leben, um den Laien „aufkommende unterschiedliche Versionen des Heiligen Kosmos in eine einheitliche Konzeption zu integrieren"[68]. Doch die Kluft zwischen den Hauptamtlichen und den Gläubigen hatte ambivalente Folgen. Einerseits leitete sie die Säkularisierung ein und schuf Raum für eine vorsichtige, jedoch später immer weiter um sich greifende individuelle Religiosität, andererseits war und ist diese Kluft oder „Zerrissenheit", von der **Heidegger** spricht, durch ihren „Riss offen für den Einlass des Absoluten". Auch oder besonders für das Denken gilt ihm: „Die Zerrissenheit hält den Weg offen in das Metaphysische."[69] Solches zu folgern wird freilich **Luckmann** und vielen Wissenschaftlern nicht schmecken.

---

[64] Ebenda
[65] S. 113
[66] S. 115
[67] Ebenda
[68] S. 116
[69] In: Was heißt Denken? Vorlesung WS 1951/52, Stuttgart 1992, S. 52 f.

5

5.1 Fazit und Kritik

In unserer modernen Konsumgesellschaft, in der vielen langsam die Luft auszugehen scheint, sieht Thomas **Luckmann** klar, dass der Einzelne „gegenüber der Kultur und dem Heiligen Kosmos als ‚Käufer' auftritt. Ist die Religion erst einmal zur ‚Privatsache' geworden, kann das Individuum nach freiem Belieben aus dem Angebot ‚letzter' Bedeutungen wählen"[70].

Dieses vorläufige Ergebnis haben wir der anthropologischen Bedingung der Religion zu verdanken, denn sie wurzelt in der Spannung zwischen Individuum und Gesellschaft, die naturgemäß auch die Abläufe der Individuation unseres Gewissens und Bewusstseins durchkreuzt. Das führt wiederum zur Objektivierung einer Weltansicht, die dem ungezügelten Bewusstseinsstrom „eine ihm ‚transzendente' Bedeutungshierarchie verleiht"[71] Die Weltansicht als universale, jedoch unspezifische Religionsform findet ihre subjektive Ergänzung im System der verinnerlichten Bedeutungsmacht. Sie soll die Grundlage persönlicher Identität bilden.

Luckmanns Analyse sucht die Bedingungen aufzudecken, unter denen spezielle Gesellschaftsformen aus der universalen Religionsform hervorgehen, die sich über die gesamte Gesellschaft verbreitet hatten. Die Religion herrscht in besonderen sozialen Formen, die in der Artikulation eines Heiligen Kosmos genauso zu finden sind wie in einer Weltansicht, „die bis zur institutionellen Spezialisierung der Religion reicht"[72] und schließlich über die Entstehung der Kirchlichkeit die Säkularisierung einläutet. Die Gegenstandsfelder der unsichtbaren Religion, die sich vor über 40 Jahren, als der Essay entstand, schon abzeichneten - Natur, Sexualität, Ernährung, Familie, Sport und vor allem das, was unter dem Mega-Begriff „Selbstverwirklichung" daherkommt, sind heute um vieles vermehrt und flächendeckend mächtig. Sie sind ironischerweise die Einlösung des avantgardistischen Versprechens von der Versöhnung von Kunst und Leben, wie sie die Ästhetisierung der Lebens- und Arbeitswelt mittlerweile darstellt.

Freilich, der Versuch, immer schneller neue, maßgeblich außerkirchliche Religiositäten wie die „Popreligiosität", um ein schon wieder veraltetes Beispiel zu bringen, als Alternative gegen angeblich überkommene Deutungsmuster der Religion auf die Beine zu stellen, könnte

---

[70] S. 141
[71] S. 118
[72] Ebenda

auch eine Entkernung des Religionsbegriffs verdecken wollen, die mit einer Verramschung des Prädikats „Religion" einhergeht. Diese Instrumentalisierung von Religion, wenden Kritiker ein, wird ja vor allem von Theologen selber betrieben mit Unterstützung durch namhafte Religionssoziologen, die mit einem funktionalen Religionsbegriff hantieren, der mittlerweile so unscharf geworden ist, dass man nunmehr in allen Sparten der Popkultur, der Werbung und des Sports Religiöses anzutreffen vermeint. Solche funktionalen Religionsbestimmungen, deren inhaltlicher Bezug gegen Null tendiert, machen am Ende praktische Religion unmöglich. Denn was sich wissenschaftlich offenbart, ist eine Aushöhlung des Religionsbegriffes, in der die Religion zur Karikatur wird. Dem entspricht eine konsumgerechte, vom Marketingvokabular geprägte Tendenz, nach der dann Religion den wechselnden Bedürfnissen angepasst und kundenorientiert aufbereitet wird. In Anbiederung an aktuelle Befindlichkeiten und „Bedürfnisse", vorherrschende „Nachfrage" und entsprechende „Werbung" werden „traditionelle" Glaubensinhalte und reflektiertes Glaubenswissen zurückgedrängt. Die von Individualisierung, Privatisierung und De-Institutionalisierung bestimmte jeweils neueste Religion zielt auf innere Stimmigkeit und Selbsterfahrung und führt in der Konsequenz zu einer Religion ohne Gottesbezug, damit religiöse Gefühle willkürlich ausgelebt werden können. Ähnliches gibt es in der Entwicklung der modernen Kunst zu beobachten. Die Kunsttempel der Gegenwartskunst sind in der Regel leer, die Menschen erfüllen sich ihre ästhetischen Bedürfnisse lieber in „schön" gestalteten Kaufhäusern. Die Kirchen sind leer, wie es oben schon hieß, die Massen leben ihre Sehnsucht nach Gemeinschaft und Kult in den Fußballstadien oder in den Zelten des Oktoberfestes aus. Kunsthonig und Bienenhonig unterscheiden sich jedoch qualitativ so sehr, dass es eigentlich impertinent ist, Kunsthonig Honig zu nennen.

Wolfhart **Pannenberg** (geb. 1928), immerhin einer der wichtigsten Theologen der Gegenwart, stellt der wissenschaftlichen Anthropologie eine theologische entgegen, die den Menschen „im Lichte der Theologie"[73] zeigen will, da er der Meinung ist, dass die Wissenschaften mit ihren Menschenbildern nie den tatsächlichen Menschen erreichen, „weder die biologische noch die Kulturanthropologie, weder die Soziologie noch die Rechtsanthropologie und gewiss auch nicht die Existenzialontologie. Ihre Bilder vom Menschen sind Abstraktionen."[74] Freilich lässt sich Wissenschaft ohne Abstraktionen nicht leisten, aber auch eine Wissenschaft, die sich mit dem Heiligen Kosmos, dem Absoluten, dem Schöpfer der Welt und dem Ewigen beschäftigt, hat nichts von solchen göttlichen Attributen an sich, sondern bleibt wie alle positive

---

[73] In: Was ist der Mensch? Die Anthropologie im Lichte der Theologie, 2. Auflage, Göttingen 1964
[74] Ebenda, S. 95

Wissenschaft etwas Vorläufiges, denn „die zentrale Thematik der Religion ist jedoch metaphysischer Art und entzieht sich damit dem Mikroskop".[75]

5.2 Erfahrung soll sinnlos sein?

Thomas **Luckmann** sagte noch 1964 kurz und unmissverständlich, und das gegen alle Empiristen, aber auch gegen **Husserl** oder **Heidegger** gerichtet: „Die unmittelbare Erfahrung ist wesentlich sinnlos." Sinn ergebe sich nur in der Interpretation unmittelbarer Erfahrung, anhand eines Wissens- und Wertschemas, „also in einem erfahrungstranszendenten Bezug".[76] Im Jahr 2000 klang das schon moderater, als er an der Theologischen Fakultät Leipzig die Frage zu beantworten suchte, wo in modernen Gesellschaften Moral noch öffentlich kommuniziert würde und nach welchem Muster. Sein Thema sei, räumte er dort einleitend ein, wissenschaftlich schwerer als viele andere gesellschaftliche Erscheinungen auf den Begriff zu bekommen, weil unser tägliches Handeln unmittelbar in diesen Erscheinungen verfangen sei. Das erschwere den theoretischen Abstand zu unserer selbstverständlichen Praxis. Freilich, ein Wertschema aufzustellen, ein Modell zu erdenken, eine Idee zu haben ist das eine; das andere, wie es gelingen kann, solches dann der Welt oder der Sache überzustülpen. Zu viele Soziologen oder Wissenschaftler schwärmen noch immer wie Politiker, Techniker oder Militärs davon, alles in den Griff zu bekommen. „Allen Erfahrungen ist gemeinsam", heißt es in Herders Kleinem philosophischem Lexikon von 1958, ‚dass sie als solche zwar umschrieben, nicht aber in dem unmittelbaren Gehalt ihrer Selbstbezeugung mitgeteilt und gegenwärtig gemacht werden können. Sie sind deshalb auf rationellem Wege nicht widerlegbar, sondern können nur durch tiefere Erfahrungen eingeschränkt oder überholt werden."

Husserl, der eben gegen **Luckmanns** „Interpretation unmittelbarer Erfahrung" bekanntlich die Sachen selber zum Sprechen bringen wollte, empfahl stets „epoché", soll heißen: sich zurück zu nehmen. Damit forderte er die Philosophen auf, sich der vorschnellen Weltdeutung zu enthalten und sich bei der analytischen Betrachtung der Dinge an das zu halten, was dem Bewusstsein unmittelbar erscheint. Aus der durch die Enthaltung gewonnenen Neutralität heraus sei es dann möglich, zum Wesen einer Sache, beziehungsweise „zu den Sachen selber" vorzudringen. Jetzt seien nur noch die Bewusstseinsakte Gegenstand einer Betrachtung. Das Vorhandensein eines Gegenstandes wird auf diese Weise „transzendiert" Was übrig bleibe,

---

[75] Konrad Löw (Herausgeber): Marxismus-Quellenlexikon, 2. Auflage, Köln 1988, S. 272
[76] Vortrag, gehalten während der zweiten Studientagung der Evangelischen Zentralstelle für Weltanschauungsfragen über „Apologetik heute" vom 28. bis 31. 05. 1964 in Loccum. In: Information Nr. 12 Stuttgart VIII/1964

könne die „absolute Seinsregion des Bewusstseins" selber sein. Mit dieser eidetischen Reduktion, also der gedanklich durchgespielten Variation eines Bewusstseinsphänomens, gelinge eine Wesensschau, die uns zeige, wie sich die Welt im Bewusstsein errichte und begründe. Doch was nützen solche Einsichten, wenn sie vor allem von jenen nicht umgesetzt werden, deren Beruf es sein müsste? Besonders nach 1945 fielen Intellektuelle dadurch auf, immer deutlicher werden zu lassen, religiös mindestens ebenso „unmusikalisch" zu sein wie Jürgen **Habermas**. Dass es Religion in der Welt gibt, die nicht einfach abstirbt, hat Thomas **Luckmann** gut herausgearbeitet; denn wer das denkt oder fordert, überlässt das Thema Religion leichtfertig den Kräften der Unterwelt. Erstaunlich bleibt jedoch, dass die Soziologie bisher kaum erklärte, wie durch die beiden Diktaturen in Deutschland der traditionellen Religionen und ihren Kirchen faktisch der Garaus gemacht werden konnte. Michael **Hesemann** weist in dem Buch „Hitlers Religion"[77] nach, dass **Hitler** die „verjudete Kirche" nicht nur hasste; er wusste auch, dass bloße Sticheleien ihr hätten nichts anhaben können, deshalb verfolgte er eine systematische Deprogrammierung der Deutschen. Nie vorher und nie raffinierter wurde die Entchristlichung einer Nation fanatischer betrieben als in den beiden sozialistischen Diktaturen: „mit eigenen Sakramenten, Orden, Riten, einem komplexen Credo und immer neuen Gottesdiensten"[78]. **Hitlers** erste Rede nach der Machtergreifung feierte schon das „neue deutsche Reich der Größe und der Ehre und der Kraft und der Herrlichkeit und der Gerechtigkeit. Amen!" Was war schon eine Messe im Kölner Dom gegen Speers Lichtdome? Im Bund Deutscher Mädel lernte man ein neues Vaterunser auswendig: „Adolf Hitler, Dein Reich macht die Feinde erzittern, Dein Drittes Reich komme, Dein Wille sei allein Gesetz auf Erden..." **Hitlers** Projekt war eine absonderlich dämonische Gegenkirche. Der Kulturbruch der Nationalsozialisten, zuvor schon durch die Kommunisten begangen und nach dem II. Weltkrieg skrupellos fortgeführt, war eine rabenschwarze und eiskalt berechnete Satansmesse, dem in nur 12 Jahren Millionen von Juden und Christen zum Opfer fielen. Die religiöse Entwurzelung unter den Kommunisten war noch abgefeimter, effizienter und kam fast ohne Leichen aus. Was die Jakobiner in der Neuzeit grausam begannen, Karl **Marx**[79] mit seinem Hass gegen die Religion geistig untermauerte, suchte **Hitler** umzusetzen: „Wir beenden einen Irrweg der Menschheit. Die Tafeln vom Sinai haben ihre Gültigkeit verloren. Das Gewissen ist eine jüdische Erfindung..." Das, was am meisten verwundern müsste, ist die von der Soziolo-

---

[77] Hitlers Religion. München 2004
[78] Paul Badde in seiner Rezension, Die Welt, 22.01.05
[79] Als Beispiel sei hier nur angeführt: „Soviel ist sicher: Der einzige Dienst, den man Gott heutzutage noch tun kann, ist der, den Atheismus zum zwangsmäßigen Glaubensartikel zu erklären und die Bismarckschen Kirchenkulturkampfgesetze durch ein Verbot der Religion überhaupt zu übertrumpfen." MEW, Band 18, S. 532

gie vernachlässigte Tatsache, dass der Siegeszug dieser grauenvollen Überzeugung erst nach 1968 so richtig in Schwung kam.

Ich glaube – und ich sage bewusst „glaube" –, dass weder einer sichtbaren, noch einer unsichtbaren Religion mit historischen, soziologischen, naturwissenschaftlichen, ja, nicht einmal mit philosophischen oder theologischen Erklärungen beizukommen ist. Religion, die ja viel mit unmittelbarer Wahrnehmung und davon abgeleiteter Erfahrung zu tun hat und fast immer auch nach einem „Leben in der Wahrheit" (Václav Havel) sucht, sperrt sich, ähnlich der Liebeserfahrung, allen intellektuellen Deutungsschemata; deshalb haben es selbst wortgewaltige Mystiker so schwer, ihre Glaubenserfahrungen auszudrücken, so sie es denn überhaupt für nötig erachten. Sogar das kritische, also das unter der Zensur der Vernunft betonte Lesen der Heiligen Schrift stiftet mehr Verwirrung als Ein-Tracht mit dem, an den oder an das man zu glauben glaubt. Ist die Dreiheit „Glaube, Liebe, Hoffnung" wirklich analysierbar? **Heidegger** sagte: „Das Religiöse wird niemals durch die Logik zerstört, sondern immer nur dadurch, dass der **Gott** sich entzieht."[80] Ich entnehme dem Text **Luckmanns** die Erkenntnis, ohne es ausdrücklich herausgelesen zu haben, dass derjenige, der am identischsten ist, auch **Gott** (oder dem Heiligen Kosmos, um im Sprachduktus der Vorlage zu bleiben) am nächsten steht. Außerdem nehme ich an, auch einiges über die „unsichtbare Vernunft" einerseits und andererseits über die „sichtbare Unvernunft" unserer menschlichen Gattung und ihrer anthropologischen und religiösen Entwicklung erkannt zu haben.

---

[80] In: Was heißt Denken? Vorlesung WS 1951/52, Stuttgart 1992, S. 11